Written by
Leslie Davison

Cover design by
Kristy Placido

Edited by
Carol Gaab

Copyright © 2018 Fluency Matters
All rights reserved.

ISBN: 978-1-945956-70-6

Fluency Matters, P.O. Box 11624, Chandler, AZ 85248

info@FluencyMatters.com • FluencyMatters.com

A Note to the Reader

This fictitious Comprehension-based™ reader is based on 208 high-frequency words in Spanish. It contains a *manageable* amount of vocabulary and numerous illustrations and cognates (words that are similar in two languages), making it an ideal read for beginning language students.

This book is written strategically and comprehensibly for beginners and advanced beginners to help you easily pick up the language while you enjoy reading a compelling story. We have included numerous icons and photographs to increase your comprehension. You may want to peruse the glossary to familiarize yourself with some common structures that are used throughout the story.

The comprehensive glossary lists all words and phrases that are used in the book. In addition, more advanced and complex structures are footnoted at the bottom of the page where each occurs.

We hope you enjoy reading *El chico global*!

About the Author

Leslie Davison has been teaching Spanish for 25 years both domestically and overseas. She is a Google Certified Innovator and National Board Certified World Language teacher with experience at both the high school and elementary levels. She shares her passion for language learning and technology by presenting at national and international conferences. She was awarded the World Language Teacher of Year for Colorado and has served as K-12 Dual Language Coordinator for her district. She is currently a best-practices coach for an elementary school. When not learning, Leslie can be found running or skiing in the mountains of Colorado or kitesurfing around the world.

Acknowledgements

I want to thank my elementary students at Singapore American School who inspired me to write this book. It started as little stories until one day, a student asked when were we going to read the whole book. I'm forever grateful to my international students and to my high school students in Colorado for their honesty–although brutal at times–and their insight as to what is funny and what is not. Un montón de gracias a Elena, Guillem, Silvia y Vicente quienes me inspiran, me corrigen y me animan todos los días. Huge thanks to the students and colleagues who drew icons and/or took photos: Hannah, Sage, Mairi, Martina, Annika, María, Ryan, Vivian, Emily, Linda, Natalie and Susan. I also want to thank my former students María Fernanda, Anna, Kalena, Joceline and Jaime for taking a special interest in how books are written, illustrated and published. Special thanks to all the Grade 5 students at Dillon Valley Elementary who have read various versions of the book over the last few years. Your excitement and genuine interest kept me motivated.

As for publishing, a whopping thanks goes to Carol Gaab for her perseverance and skill in creating stories for language learners. I'm extremely grateful for the amount of work she put into this book and the patience she showed while working with a new *I-cannot-possibly-delete-another-word* author. Thanks, also, to Pat for always encouraging me when I needed it most. Lastly, I would like to thank the universe for sending me a partner who reads Spanish language books for fun. Thanks for allowing Liam to occupy so much of our time. I could not have done it without you. Te amo, Miguel.

Índice

Capítulo 1: Adiós 1

Capítulo 2: Singapur 9

Capítulo 3: Un robo 14

Capítulo 4: Lo importante 27

Capítulo 5: Un mensaje urgente 33

Capítulo 6: Un vieja internacional 40

Capítulo 7: Zapatos 48

Capítulo 8: El abandono 54

Capítulo 9: ¡Es urgente! 59

Capítulo 10: El accidente 66

Capítulo 11: El encuentro 72

Capítulo 12: Summit in Honduras 80

Capítulo 13: Dos abrazos 87

Epílogo 91

Glosario 99

El chico global

Capítulo 1
Adiós

– Liam, ya es la hora –le dice su madre–. Chicos, vamos a salir para el aeropuerto en 10 minutos.

Liam está un poco **triste**. Su situación es complicada. Liam no quiere decirles adiós a sus amigos, pero realmente quiere ir a Singapur.

El chico global

Singapur es súper moderno. Realmente es un país[1] excepcional. La tecnología es muy avanzada y el Internet es muy rápido. Es mucho más rápido que el Internet en su escuela en Colorado. Liam está triste, pero también está emocionado.

- ¡Uau! Ya has vivido[2] en 100 países –exclama Jake.

[1] país - country
[2] has vivido - you have lived

Capítulo 1

– ¿En 100 países?… No, no en 100 –le responde Liam.

Los amigos de Liam notan que él está triste y uno de ellos le pregunta con un tono sincero:

– En serio, ¿en cuántos países has vivido? –le pregunta Brandon.

– Mmmmm –responde Liam **pensando**–,

El chico global

 **Estados Unidos**, Luxemburgo, Argentina, Tailandia y España… en cinco (5).

– ¡Uau! ¿Y ahora vas a vivir en Singa-qué? –pregunta Jake curioso.

– ¡Singapur! Ja, ja –responde Liam.

– Singapur –repite Brandon curioso–. ¿Dónde está Singapur?

– ¡¿No sabes dónde está Singapur?! –exclama Liam un poco **sorprendido**.

 Sus amigos de los Estados Unidos normalmente **no saben** mucho de la geografía ni de los países en otras partes del **mundo**.

– Yo no… ¿Jake, tú sabes dónde está Singapur? –le pregunta Brandon.

– No. No sé.

– Está en Asia –le responde Liam. Liam es muy inteligente.

Capítulo 1

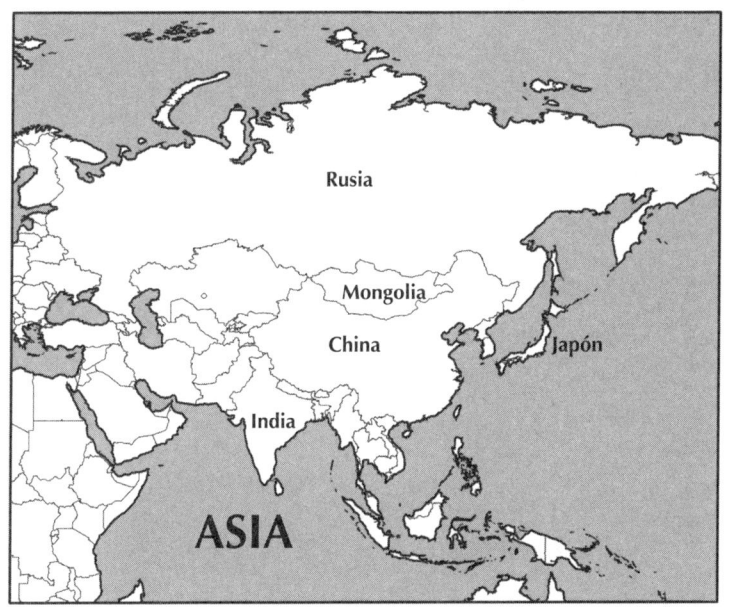

– Jake, ¿tú sabes dónde está Asia? –le pregunta Brandon con voz **graciosa**–. Ja ja ja.

– Es parte de China, ¿correcto? –le responde Jake.

– ¡Jo! –exclama Liam–. Singapur no es parte de China.

Liam agarra un mapa y continúa:

El chico global

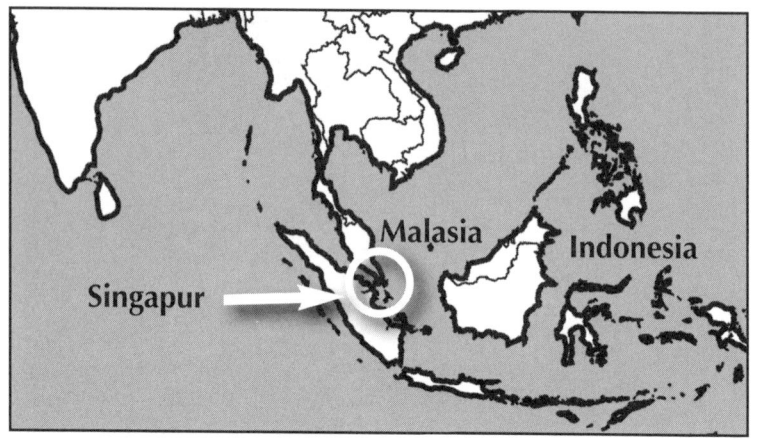

—Mira el mapa. Singapur es un país pequeño. Realmente es una isla. Está en el océano Índico.

Jake y Brandon miran el mapa.

—Solo un chico internacional es experto en geografía. ¡Ja, ja, ja! –comenta Jake con voz **graciosa**.

A Liam le gusta la geografía y les explica un poco más de Singapur:

—Singapur es una isla muy pequeña. Está

Capítulo 1

un poco al norte del **ecuador**. Por eso, hace mucho calor. Mira... aquí está Indonesia y aquí Malasia.

– Liam, ya es la hora –le dice su madre–. Lo siento, chicos.

– Sí, mamá –le responde Liam con voz triste.

En ese momento, sus amigos le dan un paquete grande de **chicles** a Liam.

– Gracias –les dice Liam–. ¡Es mi favorito!

– De nada –le dicen sus amigos–. Adiós, Liam.

– Adiós –les responde Liam.

Entonces Liam sale con su familia, y, tristes, sus amigos se van a casa.

Capítulo 2
Singapur

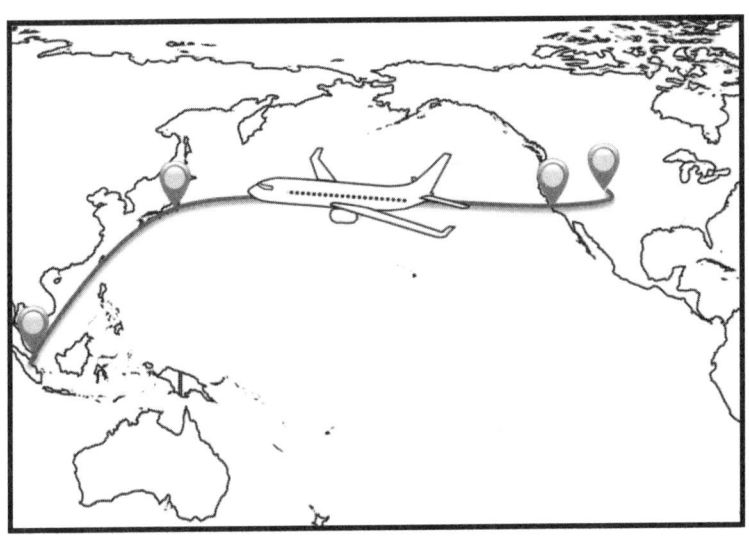

26 horas más tarde

La familia pasa por Los Ángeles y por Tokio y por fin, 26 horas más tarde, llega a Singapur. Es una isla muy verde. Hay mucha vegetación por toda la isla.

El chico global

Al llegar a Singapur, llueve mucho. **¡Llueve a cántaros!** Liam está un poco nervioso. Piensa en sus amigos de Colorado. Otra vez va a ser un estudiante nuevo. Y otra vez tiene que **hacer nuevos amigos**. Liam está acostumbrado a hacer nuevos amigos porque es un estudiante internacional. Es común para los estudiantes internacionales vivir en países diferentes. Aunque[1] es un poco difícil vivir en un país nuevo, Liam se siente bien por-

[1] aunque - although

que siempre tiene a su familia y a su **perrito**, Monti. Monti es un perrito interesante y gracioso. Tiene **ojos** de colores diferentes. Él es su mejor[2] amigo.

Después de un par de días, Liam se hace amigo de un chico que se llama Anish. Anish también tiene 13 años y también juega al críquet. A Liam le gusta jugar al críquet, pero todavía no juega bien. Anish juega muy bien, ¡casi es un experto!

Un día después de la práctica de críquet, Anish le ofrece una fruta a Liam:

– Liam, ¿quieres un poco de durián? Es una fruta muy especial de Asia. ¡Es famosa!

A Liam le gustan las **comidas** nuevas. No sabe lo que es el durián, pero no le importa. Liam quiere comer una fruta nueva, así que le responde:

[2]*mejor - best*

– ¡Sí! Gracias.

Anish le da el durián a Liam. El durián **huele** muy diferente a las frutas de España y de los Estados Unidos. ¡La fruta realmente huele fatal! Ahora Liam no quiere comer el durián pero no quiere insultar a Anish ni la cultura de su nuevo país.

Por fin, Liam come un poco del durián. Huele fatal y él casi vomita. Anish observa a Liam y piensa que es muy **gracioso**. Liam no piensa que es gracioso. Piensa: *«No vomites… No vomites… No vomites»*. Liam no quiere vomitar, así que rápidamente, agarra un chicle de sus pantalones. *«Gracias a Dios que todavía tengo chicles»*, piensa Liam.

Anish mira a Liam y **grita**: «¡Nooooo-oooo!».

Liam está muy confundido. No sabe cuál es el problema. Liam mira a Anish y nota que Anish está muy nervioso. Anish le grita otra vez: «¡No, Liam!». Y en ese momento Liam nota el problema. En Singapur, está prohibido el chicle.

¡Ay, ay, ay!

Capítulo 3
Un robo

45 días más tarde

Liam ya está acostumbrado a su nueva escuela en Singapur. Le gustan Singapur y su nueva escuela, y ya tiene amigos. Aunque tiene nuevos amigos, todavía habla con sus amigos de Colorado. Liam está en un restaurante típico cuando recibe un mensaje de su amigo, Jake.

Capítulo 3

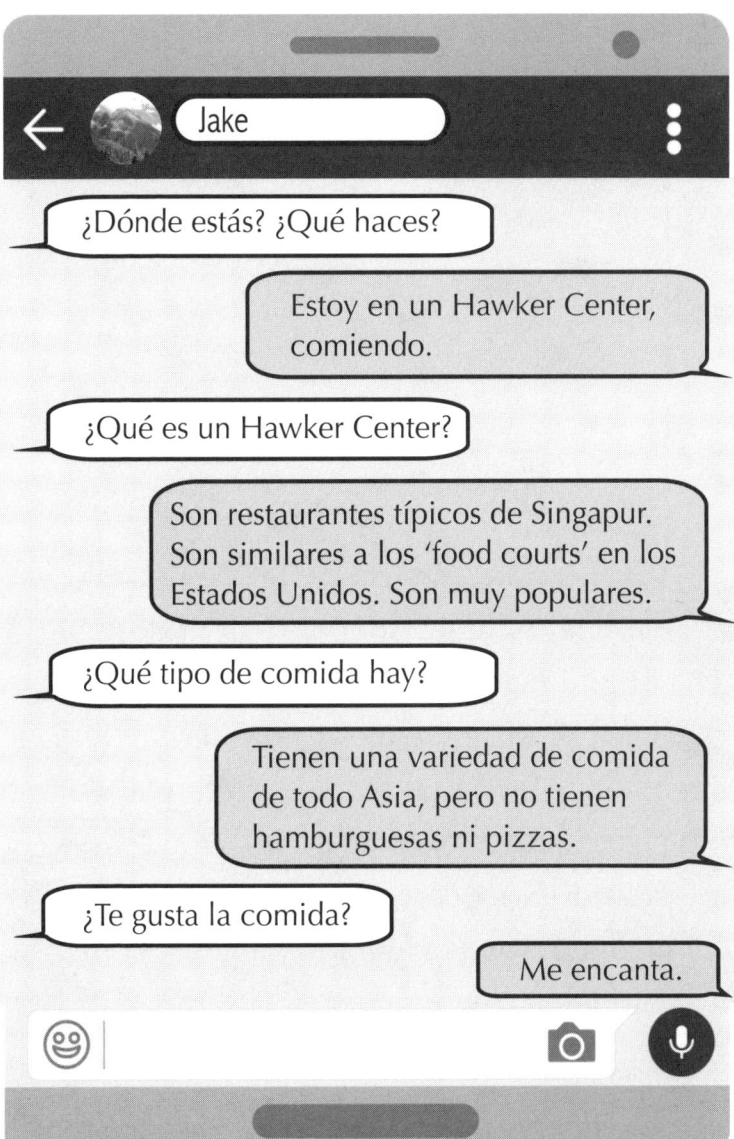

El chico global

Liam tiene un plato de roti prata y quiere **mandar** una foto de su roti prata a Jake. Roti prata es su comida favorita de Singapur. Le encanta. Liam está mandando una foto cuando dos **monos** agarran su roti prata. «¡Noooo!», grita Liam **enojado**. Los monos ignoran a Liam y comen su roti prata.

Justo en ese momento, Liam **recibe** un mensaje de una amiga que vive en España.

Capítulo 3

Se llama Sara. Liam piensa que Sara es graciosa. También piensa que ella es muy inteligente. A Liam le gusta Sara, pero ella no lo sabe. Sara es activista de animales y ayuda a los animales por todas partes.

Liam está muy contento de recibir un mensaje de Sara. Mira su foto de WhatsApp. Es un

El chico global

mono. Ella siempre usa fotos graciosas en su teléfono. Le responde al instante pero, por accidente, no le responde a SARA.

Liam está confundido y lee el texto otra vez: «¿Todavía quieres a Sara?». «*¡Ay, ay, ay!*», piensa Liam cuando ve su error.

Capítulo 3

Entonces responde rápidamente:

Liam lee su mensaje con pánico… Otra vez, hay un problema… Jake no recibe su mensaje. ¡Sara recibe su mensaje! Liam no sabe qué hacer. ¡Qué desastre! Rápidamente, Liam responde otra vez, pero ahora lo manda a SARA:

El chico global

No lloro pero a veces los monos son malos. Se roban la comida en todas partes aquí en la isla. A veces es gracioso cuando los monos roban la comida de los turistas pero no es nada gracioso cuando me roban a mí.

Capítulo 3

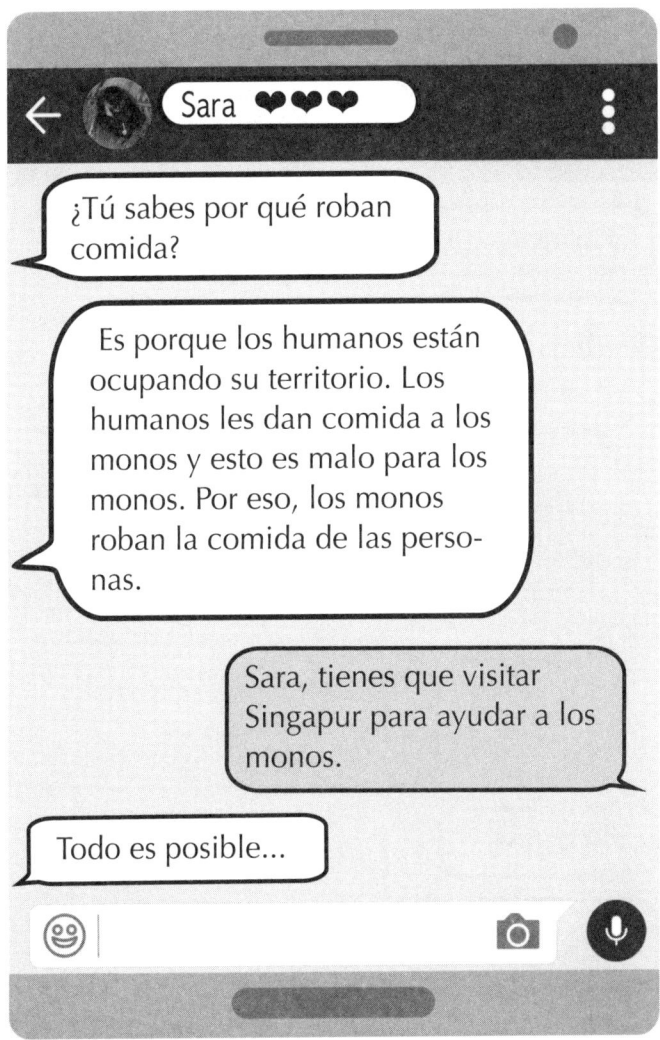

En ese momento, Jake continúa hablando con Liam:

El chico global

Capítulo 3

El chico global

Jake

> Sí. Yo quiero la clase de español pero mis padres no. Ya hablo español y ellos quieren que yo hable mandarín.

> ¿Mandarín? ¿Por qué?

> Porque el mandarín es un **idioma** que se habla en Singapur. Realmente se hablan cuatro (4) idiomas aquí: tamil, malayo, inglés y mandarín. También hay muchas personas en el mundo que hablan mandarín.

Capítulo 3

En Singapur se habla tamil, malayo, inglés y mandarín. ¿Puedes indentificar los idiomas en las fotos?

El chico global

Capítulo 4
Lo importante

7 días más tarde

Liam está contento porque tiene un **partido** de fútbol mañana. Juega bien al fútbol y el partido de mañana es muy importante. Por eso, a las 7 de la mañana, Liam entra en la oficina de su padre. Su padre está trabajando. Su padre es un banquero internacional y trabaja

El chico global

mucho. Su padre no pasa mucho tiempo con la familia porque su trabajo es muy importante. Trabaja por todo el mundo. **Viaja** a países como España, Uruguay y Tailandia. Liam quiere viajar con su padre, pero su padre siempre le dice que no.

A Liam no le gusta que su padre trabaje todos los días. Su padre siempre está estresado y ocupado.

Casi nunca está en casa y casi nunca va a los partidos de críquet ni de fútbol de Liam.

Silenciosamente, Liam entra a la oficina de su padre. Entra con Monti. Su padre está concentrado en su trabajo.

—Papá —le dice Liam con voz nerviosa.

Su padre no le responde y Liam le dice otra vez:

—¿Papá?

—¿Sí? —le responde su padre con voz

seria.

– ¿Vas a ir a mi partido?

– No, Liam. No puedo.

– ¿Por qué?

– Porque tengo que trabajar.

Liam está muy triste. Normalmente su madre va a sus partidos, pero su madre no puede ir porque ella está en Colorado. Ella fue a visitar a su **abuela** porque su abuela necesita ayuda.

– ¡Por favor, papá.! –le dice Liam un poco enojado.

– Liam, tú sabes que mi trabajo es importante, es muy importante. Muchas personas dependen de mí.

Liam está triste. *«No es justo»*, piensa. Su padre siempre trabaja. Para Liam, es obvio que su prioridad es el trabajo. Su trabajo es más importante que él.

El chico global

En ese momento, recibe un WhatsApp de Jake:

Jake nota que Liam está triste y le pregunta:

Capítulo 4

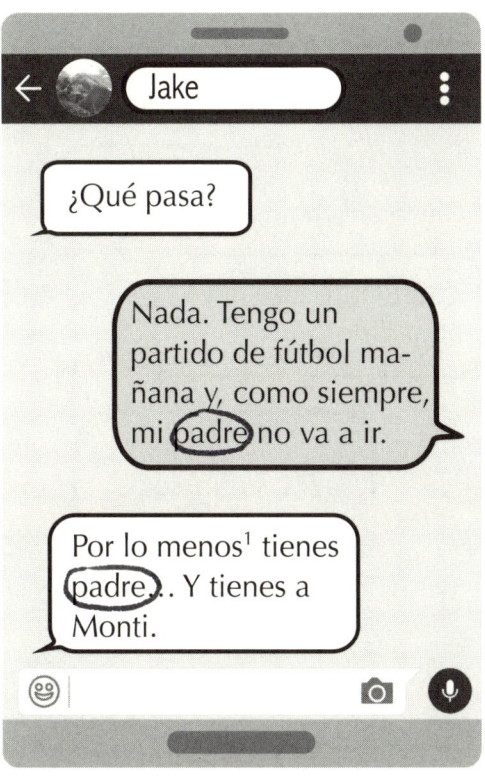

Jake no tiene padre. Liam siente empatía por Jake y no sabe qué decirle. Piensa y por fin responde:

[1] por lo menos - at least

El chico global

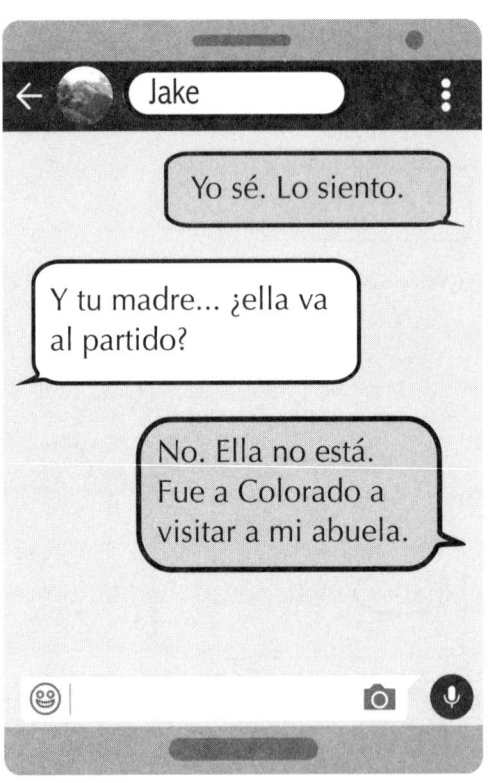

 En ese momento, Monti **salta** y Liam lo agarra. Monti le da un **beso** a Liam.

Capítulo 5
Un mensaje urgente

Liam está en la clase de mandarín. Le gusta su profesor. Es muy gracioso. Liam está muy concentrado en la clase y, de repente, escucha una voz. Es la secretaria de la oficina central:

«Liam Bradley, a la oficina, por favor.»

Liam está sorprendido y confundido. *«¿Por qué tengo que ir a la oficina?»*. Él va a la oficina

El chico global

y ve su **mochila**. *«¿Por qué está mi mochila en la oficina?»*, se pregunta Liam. La secretaria le da la mochila a Liam y le dice con voz un poco irritada:

> – Liam, realmente necesitas ser más responsable.

> – Lo siento – le dice Liam confundido, agarra la mochila y sale de la oficina.

De repente, el celular de Liam vibra. Es un texto. Liam **busca** su celular en su mochila, pero no puede encontrar su celular. No encuentra su celular, pero sí encuentra un papel. Agarra el papel y se pregunta: *«¿Qué es esto?»*.

Es un boleto de avión. Liam lee el boleto: «¿Te...gu...ci... ¿QUÉ?», se pregunta Liam confundido.

Después de un par de minutos, el celular vibra otra vez. Impaciente, Liam busca su celular y, por fin, lo encuentra. Lee el texto y piensa: «¿Quién es?».

> Liam, soy Mónica. Tu padre necesita tu ayuda. ¡Es urgente!

«¿Mónica...?», piensa Liam. «¿Por qué me manda un texto Mónica?».

Mónica vive en Barcelona. Ella trabaja con su padre en el Banco Internacional.

Liam **tiene miedo**. «¿Por qué mi padre necesita mi ayuda?». Entonces, le responde a Mónica:

> ¿Qué pasa? ¿Por qué necesita ayuda mi padre?

El chico global

> Tu padre te necesita. Él depende de ti.

Liam tiene miedo. No sabe qué hacer y le pregunta a Mónica:

> **¿Qué hago?**

Un taxi va a pasar por ti en una hora para ir al aeropuerto. Regresa a la casa y prepárate para salir. El taxista se llama Yi Ling.

Liam está confundido. No sabe quién es Yi Ling, ni dónde está Tegucigalpa. De repente, escucha un: «Diiiiiiin». La escuela termina y Liam llama a su padre. «Ring, ring… ring, ring… ring, ring… ring, ring». «*¡Ay! ¿Dónde está mi padre?*», piensa Liam. Entonces, llama a su padre otra vez. «Ring, ring… ring, ring… ring, ring… ring, ring».

Liam tiene miedo y se va rápidamente a su casa. No se va en autobús porque quiere llegar muy rápido. Por eso, se va en taxi. Le gustan los taxis en Singapur y está contento porque se puede ir rápido a su casa.

Liam entra rápidamente a la casa y grita:

«¡Papáaaa!». Su padre no responde. «Papáaaa!», grita Liam otra vez.

Otra vez su padre no responde. Liam corre a su oficina y busca a su padre, pero su padre no está. En ese momento, Jane entra. Ella mira los zapatos de Liam pero no dice nada. Jane vive en la casa y trabaja para la familia de Liam. Prepara la comida y ayuda con su **hermana pequeña**.

- Hola Liam –le dice Jane y le da un plato de roti.

- Gracias, Jane. ¿Dónde está mi padre? –le pregunta Liam a Jane nervioso.

- No sé, Liam –responde Jane–. Es probable que esté trabajando. Sabes que él trabaja mucho.

Liam está confundido. Piensa: «*¿Por qué recibí yo el texto? ¿Por qué mi padre necesita mi ayuda?*».

Liam va a su dormitorio y ve a Monti. Le da un abrazo y le pregunta: «¿Dónde está papá?», pero Monti no le responde. Liam tiene miedo. Mira otra vez el boleto y lee Te… gu… ci… gal… pa. Le pregunta a Siri: «¿Dónde está Tegu… ci… galpa?». Siri responde: «Lo siento, Liam. No entiendo». Liam está irritado y le pregunta otra vez: «¿Dónde está Tegucigalpa?». Después de muy poco tiempo, Siri le responde: «Es buena pregunta, Liam. Tegucigalpa está en América Central en el país de Honduras».

«*¡¿América Central!?*», piensa Liam. No quiere viajar a Tegucigalpa solo, pero su padre necesita su ayuda. Liam llama a su padre otra vez. «Ring, ring… ring, ring… ring, ring… ring». «*¿Qué hago?*», piensa Liam. «*¿Llamo a mi*

Capítulo 5

mamá?». De repente, un taxi llega a la casa. «Biiiip biiiip, biiiip biiiip». Jane lo llama a Liam:

– Liiiaaam, ¿llamaste un taxi?

Liam no le responde. Agarra su mochila, su pasaporte y el boleto de avión, y corre hacia el taxi. Con voz nerviosa, Liam grita: «Adiós Monti. Adiós, Jane». Entonces, Liam sale corriendo hacia el taxi. Nota que el taxi es diferente. El carro es muy elegante. Tiene un símbolo de un 🦇 **murciélago**. Liam piensa que es un poco raro, pero se sube al taxi y se va al aeropuerto.

Capítulo 6
Un viaje internacional

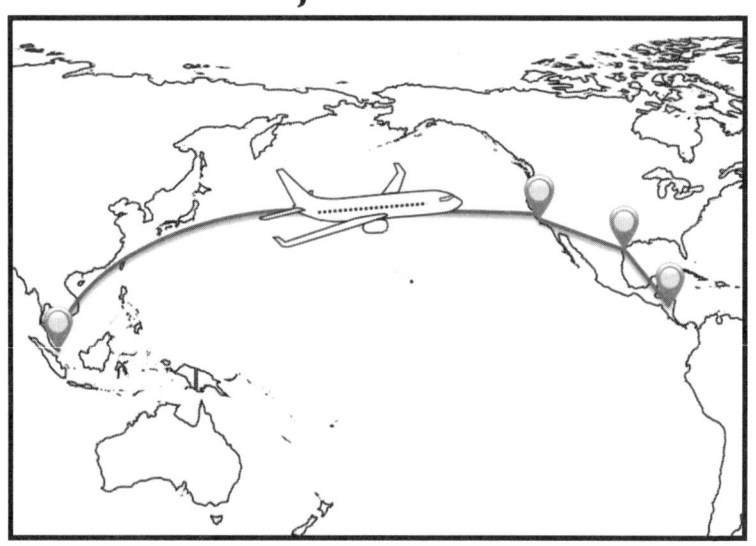

2 días más tarde

Liam viaja por más de 45 horas. Pasa por San Francisco, pasa por Houston y por fin él llega a la capital de Honduras. Está súper **cansado**. La piloto dice:

«Ya llegamos a 'Teguz'. La temperatura es 25° centígrados. Y son las 11:20 de la mañana. Gra-

Capítulo 6

cias por seleccionar nuestra aerolínea».

Liam está nervioso y muy cansado. No tiene ni idea de lo que va a hacer. Solo sabe que su papá necesita su ayuda. Liam pasa por el aeropuerto y tiene miedo. Llega a la entrada y los hondureños le gritan: «¡Taxi, taxi! ¿Necesitas un taxi?». Liam no sabe qué hacer. Piensa: *«¿Qué hago ahora?»*.

En ese momento, Liam **ve** a un hombre que tiene un papel. El papel dice: «Sr. Liam». Liam mira el papel y se pregunta: *«¿Es para mí?»*. Liam no quiere hablarle al hombre, pero no tiene otra opción. Su padre necesita su ayuda. Con voz tímida, le dice al hombre: «Soy Liam». El hombre mira a Liam y no está contento. La primera impresión de Liam es que no le gusta al hombre.

El hombre mira a Liam con ojos crueles. Liam piensa: *«¿Por qué está enojado? ¿No le gusto yo[1] o es mi imaginación?»*. El hombre le

[1] no le gusto - he doesn't like me

El chico global

responde con voz seria: «¡Vámonos!».

Liam tiene miedo. No quiere ir con el hombre. Los dos pasan por el aeropuerto y van a una motocicleta. «Súbete», le dice el hombre impaciente.

Liam no quiere ir con el hombre ni quiere subirse a la moto. El hombre tiene ojos crueles y tiene un tatuaje misterioso en la mano. Liam no puede verlo bien pero piensa que es un murciélago. *«¿Otro murciélago?»*, piensa Liam curioso. ¡Liam tiene mucho miedo, pero necesita ayudar a su padre! No hay otra opción, así que Liam se sube a la moto. «Agárrame», le ordena el hombre enojado. Liam no quiere agarrar al hombre, así que

Capítulo 6

agarra la moto. El hombre acelera² muy rápido y los dos se van rápido del aeropuerto.

Biib Biib… Biib Biib… Hay mucho tráfico en **Teguz** y Liam tiene miedo. No sabe si tiene más miedo de la moto o más miedo del hombre.

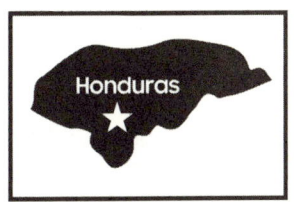

²acelera - *accelerates; takes off*

El chico global

El hombre va muy rápido y Liam casi **se cae**. No se cae pero casi se cae. «¡Ay! ¡Ay! ¡Aaay!», grita Liam. «Agárrame», le ordena el hombre otra vez. Él está muy enojado con Liam. Con timidez y miedo, Liam agarra al hombre. No sabe a dónde va ni dónde está su padre. «¡Uy!», se dice Liam. «*¿A dónde vamos?*».

Después de unos 50 minutos, llegan a una pulpería[3]. El hombre va hacia la pulpería. Es 'La Pulpería Mary'. «*¿Pulp-er-í-a?*», piensa Liam sorprendido. «*¿¡PULPOS!?*», se pregunta Liam. «*¿El hombre quiere pulpos?*». El hombre entra a la pulpería. Liam no entra. ¡Está confundido! ¡Quiere escaparse, pero tiene miedo! «*¿Qué hago?*», piensa Liam. Rápidamente, Liam agarra su celular para llamar a su padre, pero no tiene servicio. Busca ayuda… busca un policía, busca a una persona, pero no hay ni una persona para ayudarle.

[3]*pulpería - a small store in Honduras*

Capítulo 6

Un minuto pasa y el hombre sale de la pulpería. Liam ve al hombre. Tiene agua y un sándwich. *«¿No tiene pulpos?»*, piensa Liam

El chico global

confundido. El hombre le da el agua y el sándwich a Liam. También le da un boleto de autobús. El boleto dice *Santa Bárbara*. Liam mira el boleto y, de repente, el hombre se sube a la moto y se va. No le dice nada a Liam.

Capítulo 6

Liam mira al hombre y ¡tiene miedo! Prefiere estar con el hombre que estar solo. *«¿Qué hago?»*, piensa Liam nervioso. Mira el boleto de autobús otra vez. *«¿Santa Bárbara?»*, se dice Liam confundido. *«¿Adónde fue el hombre? ¿Por qué me abandonó?»*. Después de unos minutos, llega un autobús. El autobús dice «Santa Bárbara».

Liam se sube al autobús y se pregunta: *«¿Dónde está Santa Bárbara? ¿Mi padre está en Santa Bárbara?»*.

Capítulo 7
Zapatos

Liam está en el autobús por más de dos horas. Mira las montañas verdes y nota que son diferentes a las montañas de Colorado. Liam piensa en sus amigos en Colorado y en su padre y, en ese momento, está muy triste. Quiere hablar con su papá. Agarra su celular para ver si tiene servicio, pero todavía no hay.

En ese momento, el autobús llega a un restaurante pequeño en Siguatepeque. Los pasajeros[1] del autobús entran al restaurante, pero Liam no. Liam no entra porque solo tiene el **dinero** de Singapur. No tiene dinero de Honduras.

Liam observa a unos niños. Están jugando al fútbol. Liam nota que no juegan con una pelota. Juegan con una botella. Es una botella de plástico. Liam también nota que algunos de los niños no tienen zapatos, pero a ellos no les importa. Ellos están contentos y juegan muy bien.

Un niño entra al restaurante y regresa rápidamente con un plato de comida. Liam observa al niño y el niño ve que Liam está observándolo. El niño mira el plato y mira a Liam. Entonces, le dice a Liam:

[1] *pasajeros - passengers*

El chico global

– ¿Quieres una pupusa[2]? Mi mamá las preparó.

– ¿Tu mamá trabaja en este restaurante? –le pregunta Liam al niño.

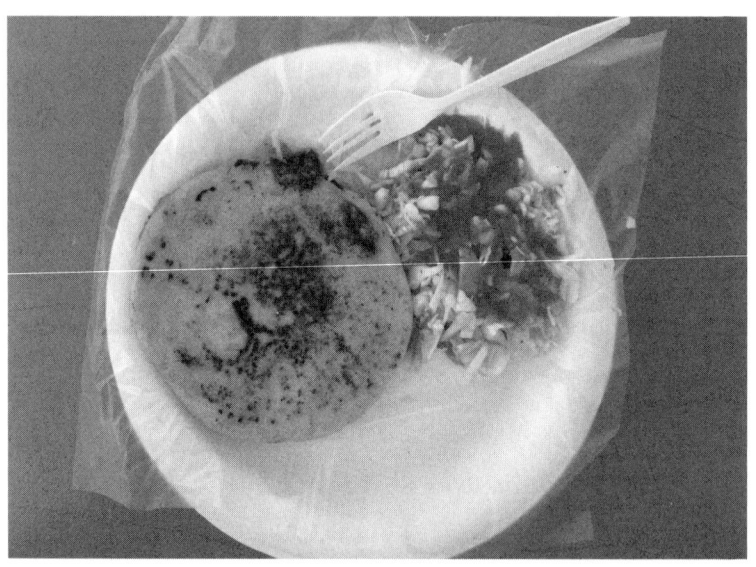

– ¡Sí! –le responde el niño con entusiasmo y le da una pupusa a Liam.

– Gracias –le responde Liam.

[2]*pupusa - thick tortilla common in Honduras and El Salvador*

Capítulo 7

Liam se come la pupusa y el niño también se come una. A Liam le gusta la pupusa. Está muy buena. En realidad él quiere dos o tres más pero no tiene dinero para más pupusas. El niño come otra pupusa y después, el niño le dice a Liam:

– ¿Quieres jugar al fútbol?

– Sí –le responde un poco nervioso.

Los niños no tienen zapatos y, por eso, Liam tampoco quiere jugar con zapatos .

El chico global

Liam tiene mucha experiencia en países diferentes y está acostumbrado a imitar a las personas locales. Un niño muy **alto** observa que Liam va a jugar sin zapatos. Sorprendido, el niño le pregunta:

– ¿Por qué no juegas con zapatos?

Confundido, Liam le responde:

– ¿No es parte del juego?

– Aa... no –le responde el niño con voz tímida.

Entonces Liam sabe por qué: ¡Los niños no tienen zapatos! Liam está sorprendido y se siente avergonzado[3]. Él sabe que hay niños en el mundo que no tienen zapatos pero verlo en persona es una nueva experiencia. Liam juega con los niños unos minutos y, de repente, el chofer del autobús grita: «Vámonos».

Liam mira al chofer y mira a los niños. Corre

[3]*avergonzado* - ashamed; embarrassed

hacia el niño alto con la intención de darle sus zapatos.

– ¿Quieres mis zapatos para jugar? –le dice Liam con voz simpática.

– No gracias. No los necesito –le responde el niño.

Justo en ese momento, el autobús se va. Liam mira el autobús y corre rápidamente hacia él. Liam grita: «¡Noooo!!», pero el autobús se va. Liam está abandonado. Mira el autobús y **llora** en silencio.

Capítulo 8
El abandono

Todos los niños miran a Liam con horror cuando el autobús lo abandona. Liam no sabe por qué recibió un boleto del hombre malo a Santa Bárbara, pero se imagina que es importante ir directamente a Santa Bárbara. Liam no sabe qué va a hacer.

– ¿Hay otro autobús para Santa Bárbara?

Capítulo 8

> –les pregunta Liam a los niños.

> – En dos días –le responde un chico.

> – ¡DOS DÍAS! –le grita Liam sorprendido.

Liam necesita un autobús a Santa Bárbara en dos horas, ¡no en dos días!

> – Yo tengo que ir a Santa Bárbara ahora –les dice Liam con voz frustrada–. ¡Es urgente! ¿Hay otra opción?

> – No, no hay otra opción. Lo siento –le responde el niño alto.

El niño alto nota que Liam está muy frustrado y se va corriendo. Todos los niños **miran** a Liam, pero no le dicen nada. No saben qué decirle. Liam piensa en cómo va a llegar a Santa Bárbara y de repente, el niño alto llega con su madre:

> – ¿Ne-i-ta-id-ta-Bárbara? –le dice la señora rápidamente y con un acento muy diferente. Liam no entiende.

El chico global

– ¿Cómo? –le pregunta Liam confundido.

– ¿Ne-ce-si-tas ir a San-ta Bár-ba-ra? –le dice la señora un poco más despacio.

Ahora Liam entiende.

– Sí. Necesito ir. Es urgente.

– Vamo-a-Co-pa-ba-ba-ba-Pedro y eto-ce Santa Bárbara –le dice la mamá del niño.

Capítulo 8

Ella habla muy rápido y es obvio que Liam está confundido. Entonces, el niño le dice:

– ¿Quieres ir a Santa Bárbara con nosotros?

– ¡Sí, quiero ir! ¡Gracias! –le responde Liam.

– Nos vamos en una hora –dice la señora.

Liam está **contento** porque va a ir a Santa Bárbara, pero quiere ir ahora. Los niños juegan al fútbol otra vez, pero Liam no juega. Solo piensa en ir a Santa Bárbara.

Para Liam, la hora pasa muy despacio. Por fin, la mamá regresa y dice: «Vamos» y Liam se sube a la pickup de la familia. También se sube un perro, una abuela y dos niños más pequeños que Liam.

Liam está nervioso. No tiene ni idea de dónde está, ni de dónde está Santa Bárbara. Su padre necesita su ayuda. Después de una hora,

El chico global

 la familia llega a un **lago**.

– ¿Ya llegamos a Santa Bárbara? –le pregunta Liam con optimismo.

– No. Estamos en Lago de Yojoa –le responde el niño– . Siempre vamos al Lago de Yojoa por frutas.

Liam nota que el lago es similar a Singapur. Hay mucha vegetación y todo es muy verde. A Liam le gusta el lago, pero está impaciente. ¡Quiere ir directamente a Santa Bárbara! ¡Su papá necesita su ayuda!

De repente, Liam siente lluvia y, rápidamente, la familia entra en un restaurante. Al entrar, la mamá observa la lluvia y exclama: «¡Ay, ay, ay! ¡Llueve a cántaros!». A Liam no le interesa la lluvia. Se pregunta: *«¿Hay WiFi en el restaurante?»*. Mira su teléfono y nota que hay servicio celular. *«¡Excelente!»*, piensa Liam. *«Tengo que comunicarme con mi padre... antes de que sea demasiado tarde[1]»*.

[1] antes de que sea demasiado tarde - before it's too late

Capítulo 9
¡Es urgente!

Liam está emocionado. ¡Por fin tiene WiFi! Quiere llamar a su papá pero no es posible. *«Tengo que mandarle un texto»*, piensa Liam. Liam prepara un mensaje:

> Papá, ¿estás bien? ¿Dónde estás? Estoy en Honduras. ¡Llámame!

El chico global

La conexión está muy mal, pero Liam intenta mandar el texto. No sabe si el texto va a llegar.

Después de unos minutos, una señora llega a la mesa con unos platos de **pescado**. El pescado huele bien, pero se ve diferente. Liam mira el pescado y piensa: *«¿Un pescado entero? ¿Los hondureños comen el pescado entero?»*. Liam observa a la familia. Todos comen el pescado entero: los ojos y la cabeza. Liam imita a la familia y también come el pescado entero. *Ñam, ñam.* A Liam le gusta mucho.

«Grrr». Liam escucha su estómago. Liam no se siente bien. Le duele el estómago. Liam piensa: *«Ay, ay, ay! No puede ser».*

Liam necesita el baño. Es una emergencia.

– ¿Dónde está el baño? –le pregunta a la familia con voz de pánico.

La niña más pequeña mueve[1] sus **labios**

---

[1]*mueve - moves*

de una manera graciosa. Ella solo mueve los labios, pero no le dice nada.

Liam piensa: «*No necesito un beso, necesito el baño*».

Liam repite la pregunta con más volumen, «¿Dónde está el baño?».

Ahora, la abuela mueve los labios de manera similar a la niña. En ese momento Liam se dice: «*Ooo… ya veo. Se mueven los labios para indicar dónde está el baño*».

Liam se siente fatal. Le duele mucho el estómago. Liam mira en esa dirección y siente pánico. La señora nota que es una emergencia y le indica dónde está el baño con la mano. Liam corre al baño.

Liam pasa diez (10) o quince (15) minutos en el baño. No sabe exactamente cuánto tiempo pero sabe que es mucho tiempo. Por fin, sale del

El chico global

baño y regresa a la mesa. Todavía le duele el estómago. Habla con la familia un poco pero realmente se siente mal. Otra vez, Liam se siente muy mal. Regresa al baño otra vez. En ese momento, escucha su celular. *«¿Es mi papá?»*, se pregunta Liam con emoción. Liam mira su celular y ¡está sorprendido! Es un WhatsApp de Sara, su amiga de España.

Liam quiere hablar con Sara pero no puede ahora. Se siente fatal y no quiere responderle en este momento. Después de unos minutos, Liam regresa a la mesa.

– ¿Estás bien? –le pregunta la señora.

– Sí –le dice Liam, pero realmente se siente fatal–. ¿Cuándo vamos a llegar a

Santa Bárbara?

– En-do-día –le responde la señora más rápido que nunca.

– ¿Qué? –le responde Liam.

– En dos dí-as –le responde el niño con una pronunciación exagerada.

– ¿¡Dos días!? –exclama Liam sorprendido.

– Primero vamos a San Pedro por materiales y después, vamos a las **ruinas de Copán** para trabajar –le dice la señora más despacio–. Voy a **vender** mis artesanías².

²*artesanías - handmade items; handicrafts*

El chico global

Otra vez, Liam está confundido. No le gusta hablar español con los adultos. Los adultos hablan muy rápido y Liam no los entiende bien.

– Entonces, nos vamos –le dice la señora.

¡Liam no quiere irse! Todavía le duele el estómago. ¿Qué va a pasar si necesita el baño otra vez? También quiere mandar otro texto a su padre.

– Un momentito. ¿Puedo ir al baño, por favor? –le pregunta Liam.

Liam corre al baño e intenta mandar otro texto a su papá.

> Papá, ¿dónde estás?

Liam manda otro texto rápidamente:

> Voy a Santa Bárbara. Primero a Copán. Te quiero...

Capítulo 9

Liam sale del baño y todos salen del restaurante. Entonces se suben a la pickup y se van.

Pasan un día entero en la pickup y Liam está cansado. Se siente mejor y ya no le duele el estómago. Solo está muy, muy cansado. Después de ir a San Pedro, la familia va hacia Copán.

Por fin, llegan a Copán. Ya es tarde y no hay sol. Es difícil ver. De repente, los niños gritan: «¡Murciélagos!». Todos corren para escapar. Liam tiene miedo. ¡No le gustan los murciélagos! Tampoco le gusta la situación.

Capítulo 10
¡El accidente!

En la mañana, la familia vende sus artesanías y Liam decide explorar un poco.

Aunque las ruinas de Copán son interesantes, Liam prefiere ir directamente a Santa Bárbara.

Liam no sabe qué quiere ver primero y mien-

Capítulo 10

tras decide, un hombre camina hacia él y le da un mapa.

El hombre no le dice nada a Liam, ni lo mira. Le da el mapa y se va rápidamente. Liam se siente un poco nervioso. *«¿Un mapa, ¿por qué?»*, piensa Liam. Él mira el mapa y ve un símbolo con un murciélago. *«¡¿Otro murciélago?!»*,

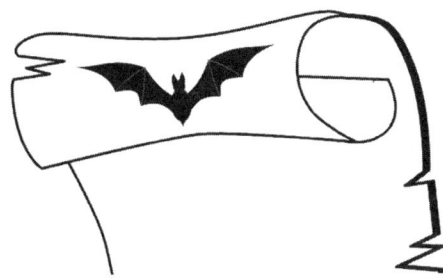

piensa Liam. *«¡El símbolo es igual al tatuaje del hombre de la moto!»*. Liam mira el mapa. Ve templos, túneles y estatuas de animales. Liam está muy concentrado en el mapa y, de repente, ¡ve letras rojas! *«¡¿Es sangre[1]?!»*, piensa Liam con miedo. Liam se concentra en las letras y ¡puede ver que hay un mensaje!

[1]sangre - blood

El chico global

Liam mira el mapa y ve que el Templo 16 es el templo más alto de Copán. Tiene miedo pero corre hacia el Templo 16. Pasa por estatuas de monos, murciélagos y jaguares. Por fin, llega al Templo 16. El templo es impresionante. Es similar a los templos en la isla de Bali[2], pero Liam no está en Bali. ¡Está en Honduras, en unas ruinas de los **mayas**!

[2]*Bali - an island which is part of the Asian country of Indonesia*

Capítulo 10

Con miedo, Liam sube al templo. Es muy alto, ¡casi **30 metros**! Aunque Liam realmente no quiere subir más, continúa. Continúa porque su padre lo necesita.

1 metro = 3 pies

Liam sube y sube. Está cansado pero sube más. Casi llega a la cima³ del templo. Busca a su padre, pero no lo ve. ¡No ve a nadie! Liam

está completamente solo. Piensa: «¿Dónde está mi padre?». Mientras busca a su padre, ve un mono pequeño. Mira al mono y piensa en Sara. A Sara le gustan los

³cima - top; highest point

monos.

– Hola mono –le dice Liam–. ¿Sabes dónde está mi padre?

Liam le habla al mono como le habla a Monti. Como Monti, el mono no le dice nada.

El mono no responde y le salta en la cabeza. Es terrible. ¡Hay un mono en la cabeza! Liam grita: «Ay, fuera». El mono le salta de la cabeza y le roba la **gorra**. *«Uff.»* La gorra es su favorita de su escuela en Singapur. Liam está enojado. Quiere su gorra. *«¡No es gracioso!»*, piensa Liam.

– ¡Dame mi gorra! –le grita Liam. El mono no le dice nada.

– ¡Dámela! –repite Liam.

De repente, el mono le **tira** un mango verde a Liam. «¡Uf!», exclama

Liam. ¡El mango es como una pelota de críquet! Liam casi se cae. Liam agarra el mango y enojado, se lo tira al mono. El mono corre con su

gorra y Liam le grita: «¡Dame mi gorra!».

Liam corre hacia el mono y, de repente, se cae. ¡Pum, pum, pum!

Capítulo 11
El encuentro

Minutos. Horas. Liam no sabe cuánto tiempo ha pasado. Solo sabe que le duele la cabeza.¡Le duele mucho! También le duele la mano. Liam quiere llorar pero no llora. Piensa: *«Quiero a mi mamá. Quiero a mi papá. Quiero a Monti. Ya no quiero ver más monos»*.

Capítulo 11

De repente, Liam escucha una voz. No sabe quién es.

– Liam… –dice la voz.

«¿*Quién es?*», piensa Liam.

– ¿Liam? –repite la voz.

«¿*Es posible?*», piensa Liam confundido.

Entonces la persona misteriosa le da un **abrazo** y le dice:

– ¿Estás bien? ¿Puedes hablar?

La voz es familiar. En ese momento, Liam sabe quién es. ¡Es Sara!

– ¿Sara? –le dice Liam confundido.

– Sí, soy yo –le responde Sara.

– ¿Qué haces aquí?

Sara ignora la pregunta y le dice a Liam:

– ¿Estás bien?

– No. Me duele la cabeza.

El chico global

Sara mira la cabeza de Liam y le agarra la mano.

- ¡Uf! –exclama Liam.

- ¿Cuál es el problema, Liam?

- ¿Cuál es el problema?! ¡Hay varios! –le responde Liam–. Uno, no sé dónde está mi padre. Dos, me duele la cabeza y también la mano. Y tres, un mono tiene mi gorra favorita.

- Lo siento, Liam –le dice Sara–. Yo sé donde está tu padre.

- ¡¿Sabes dónde está mi padre?! –exclama Liam confundido.

- Sí. Está en Singapur.

- ¿En Singapur? –le dice Liam confundido–. ¿Está bien?

- Sí, él está bien.

- No entiendo. ¿Entonces, por qué estoy

Capítulo 11

yo en Honduras? –le pregunta Liam un poco enojado.

– Tu padre sabe que tú quieres ayudar al mundo y que quieres viajar con él. Por eso, tu padre organizó esta aventura para que tú veas el trabajo que él hace. Él quiere que tú veas que hay muchas personas en el mundo que necesitan ayuda. También quiere que tú lo ayudes con su trabajo global.

Liam está sorprendido. ¡Increíble! ¡¿Su padre quiere su ayuda?! Sara continúa:

– El banco de tu padre organiza proyectos globales. Ahora tiene un proyecto en Santa Bárbara. El proyecto se llama 'Summit in Honduras'. Mi padre está trabajando con tu padre en este proyecto. Mi padre está en Santa Bárbara ahora.

– ¡Increíble! ¿¡Mi padre organizó esta

aventura para mí!?

– Sí. Hay más. ¡Yo voy a vivir en Singapur! Mi familia y yo vamos a Singapur y voy a ir a tu escuela. Voy a ir a SAS.

– ¡Fantástico! –le dice Liam.

En ese momento, Sara le da su gorra. Sorprendido, Liam mira la gorra y le pregunta a Sara:

– ¿Dónde encontraste mi gorra?

– Un mono me la dio. Me gustan los monos y es obvio que a los monos también les gusto yo –le responde Sara.

«Ja ja ja». Liam piensa que Sara es muy graciosa. Liam mira a Sara y él está muy contento.

En ese momento, la familia hondureña llega al Templo 16. Liam les grita: «¡Hola! ¡Hola!». Liam les presenta a Sara y les explica todo. La familia mira a Sara un poco sorprendida. La señora de la familia está muy confundida y le pregunta

Capítulo 11

a Sara:

— ¿Cómo nos encontraste?

— Sí —exclama Liam confundido—. ¿Cómo me encontraste?

Sara agarra el celular de Liam y le dice: «Mira».

Sara continúa explicando:

— Tu celular nos mantenía[1] informados de

---

[1] nos mantenía - kept us

El chico global

tu localización y cuando llegaste a Copán, el hombre te dio el mapa para encontrarme en el Templo 16.

En ese momento, el celular de Sara vibra. Sara agarra su celular:

– Hola Butch.

– …

– Encontré a Liam. Ya vamos a Santa Bárbara. Nos vemos en el carro.

Curioso, Liam le pregunta a Sara:

– ¿Quién es Butch?

– Es un hombre que trabaja para mi padre.

Liam le dice «Adiós» a la familia y se va con Sara. Él está muy contento.

Sara y Liam llegan al carro y, contentos, se suben al carro. El chofer le da la mano a Liam y le dice: «Hola». Liam mira la mano del hombre

Capítulo 11

y ve el tatuaje. Sorprendido, salta con terror. Es el hombre de la moto, el hombre con los ojos crueles… que le dio el boleto a Santa Bárbara. ¡Liam tiene miedo!

Capítulo 12
Summit in Honduras

– Liam –exclama Sara–. ¿Cuál es el problema?

Liam mira a Sara y no puede hablar. Butch nota que Liam tiene miedo y le explica:

– Lo siento, Liam. No podía revelar mi identidad durante tu aventura especial.

– Oooo –le responde Liam–, ya entiendo.

Después de horas, llegan a la escuela en Santa Bárbara. El padre de Sara es la primera persona que ellos ven. Su padre le da un abrazo a Sara y exclama:

– ¡Por fin, te encontramos, Liam! Sara es una detective excelente, ¿no?

Entonces el padre de Sara le da un gran abrazo a Liam y les dice con entusiasmo:

– Está bien… es hora de trabajar. Sara, dale a Liam un tour de la escuela.

Sara agarra la mano de Liam y ellos se van para hacer un tour de la escuela. Liam nota que la escuela es pequeña y simple. Es muy diferente a su escuela moderna en Singapur. La escuela es diferente pero los uniformes son muy similares.

Sara y Liam van a la biblioteca. Casi no hay **libros** ni mesas. Liam piensa en las bibliotecas enormes que tienen sus escuelas en Singapur y Colorado.

– ¿Dónde están los libros? –le pregunta Liam sorprendido.

El chico global

– Eso es parte de nuestro trabajo –le responde Sara emocionada–. Vamos a recolectar libros para la escuela.

Sara habla de 'Summit in Honduras'. Ella explica que 'Summit in Honduras' es una organización que ayuda a diferentes escuelas en Honduras. Algunos chicos de Colorado van a Honduras para trabajar en las escuelas. Normal-

Capítulo 12

mente ellos van durante sus vacaciones. Los chicos ayudan de muchas maneras. Les leen libros a los niños, juegan con ellos y hacen proyectos de construcción básica.

— Es increíble, Sara, hay mucho qué hacer.

— Sí. El nuevo proyecto de 'Summit en Honduras' es construir unos sistemas de

El chico global

filtración de agua. Hay una organización en Teguz que hace sistemas de cerámica. Busca pottersforpeace.org/ en el Internet.

– ¡Uau! Genial[1] –le responde Liam.

En poco tiempo Liam está trabajando. Mientras trabaja, habla inglés con los niños de la escuela. Liam ve a una niña pequeña con un libro.

– ¿Qué pasa calabaza?

– Nada, nada, limonada.

– ¿Cómo te llamas?

– Ana.

– Hola, Ana. Soy Liam. ¿Cuántos años tienes?

– Tengo seis (6) años.

Ana mira a Liam y Liam le pregunta:

– ¿Te gusta leer?

[1] *genial - great*

Capítulo 12

– Sí me gusta mucho –le responde Ana.

Ana le da el libro a Liam. Liam le **lee** el libro a Ana. Él lee en español y Ana escucha. Ella nota que Liam tiene un acento gracioso. A Ana le gusta su acento. Quiere escuchar más a Liam con su acento gracioso.

– Ji ji. ¿Puedes leer otro libro? –le pregunta Ana.

Liam agarra otro libro. El libro no es nada nuevo y no tiene fotos interesantes. Liam lee dos libros más. Y ahora no hay más libros que leer.

Liam piensa: *«Es triste. Quiero leer más libros pero no hay más. En Singapur mi escuela tiene tres bibliotecas con muchísimos libros»*.

– Gracias, Liam

– De nada, Ana. ¡Gracias a ti!

En ese momento, Sara entra y pregunta por su padre. Liam intenta apuntar con los labios, imitando a los hondureños. Ana y Sara lo miran y Sara le dice:

– Liam, casi eres hondureño. Ji ji.

Capítulo 13
Dos abrazos

Es hora de ir a Singapur. Sara le da su **boleto** a Liam. Van al aeropuerto. Sara le da otro abrazo. Liam está contento con dos abrazos de Sara.

– Adiós, Liam.

El chico global

– Adiós, Sara.

Liam se sube al avión. Piensa en su aventura increíble en Honduras y en su familia. Quiere ver a su padre, a su madre y ¡a Monti!

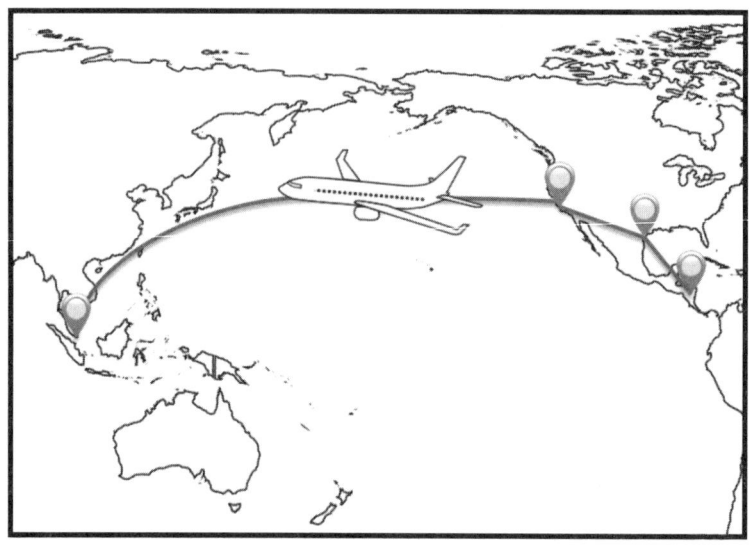

20 horas más tarde

Liam llega a su casa y su madre le da un abrazo. Liam le da un abrazo a su hermana pequeña y también le da muchos abrazos a Monti. Muy emocionado, Liam corre a la oficina de su padre. Su padre le da un abrazo y lo mira a los ojos.

> – Liam, lo siento. Yo sé que trabajo mucho.

Liam escucha a su padre y llora un poco. Su padre continúa:

> – Mi trabajo es muy importante pero tú también eres importante. Eres lo más importante. Te quiero, Liam.

> – Te quiero también –dice Liam abrazando a su padre.

> – ¿Cómo estuvo la aventura?

> – Uff. Increíble. Ahora entiendo la importancia de tu trabajo.

> – Sí. Hay mucho qué hacer.

En ese momento Jane entra:

> – Liam, tengo roti prata para ti. ¿Quieres comer?

El chico global

— Sí –le responde Liam con entusiasmo.

Jane le da un plato de roti prata y Liam habla de su aventura. Todos **escuchan** mientras él habla de las ruinas de Copán, la familia muy buena, el pescado entero, Butch y el mono malo. Está muy, muy contento.

Epílogo
Chicos globales

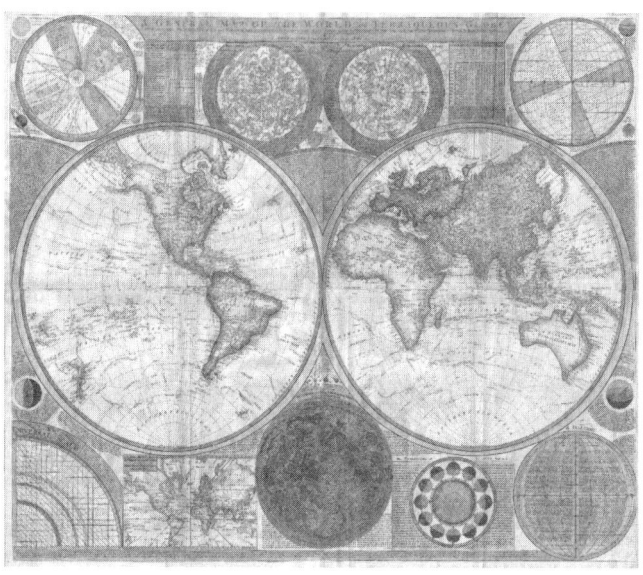

Un año después

Sara y Liam formaron una organización de chicos que ayudan al mundo. La organización se llama Chicos Globales. Hacen proyectos en muchos países. Ayudan a los animales, protegen al

El chico global

medio ambiente[1] y ayudan a muchas personas en varios países. Todavía trabajan con Summit in Honduras. Les encanta el trabajo. Sara es la presidenta, Liam es el vicepresidente y Anish es el banquero. Ahora, Sara es un poco más que una amiga para Liam.

Chicos Globales es un club importante y muy popular. Muchos estudiantes participan en el club y todos viajan a otros países para servir a la humanidad.

Todo es perfecto y Liam está muy contento.

Un día Liam está en la biblioteca para una reunión de Chicos Globales. Sara no ha llegado. Es raro. Sara nunca llega tarde.

De repente, Liam recibe un mensaje:

> Si quieres ver a Sara otra vez...

[1]*medio ambiente - environment*

Mapas

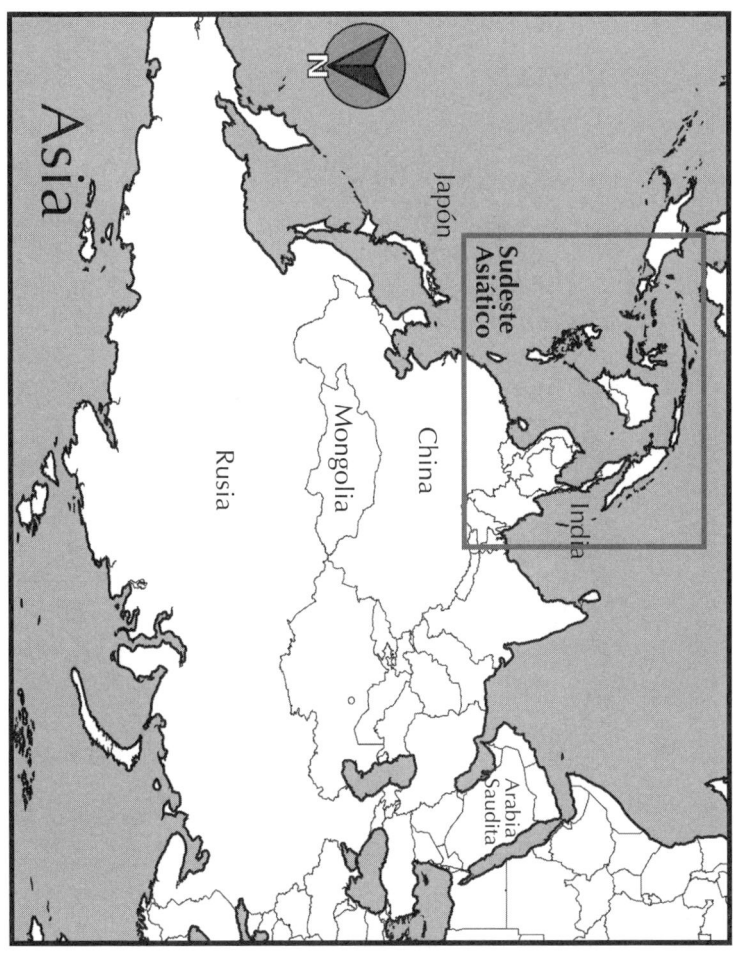

El chico global

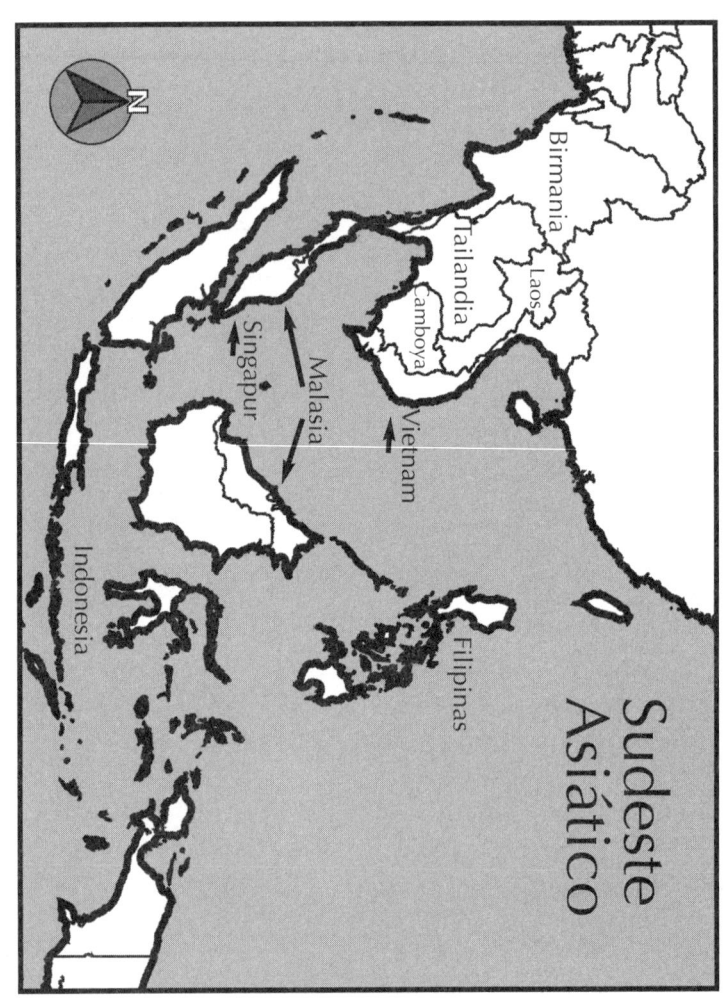

Mapas

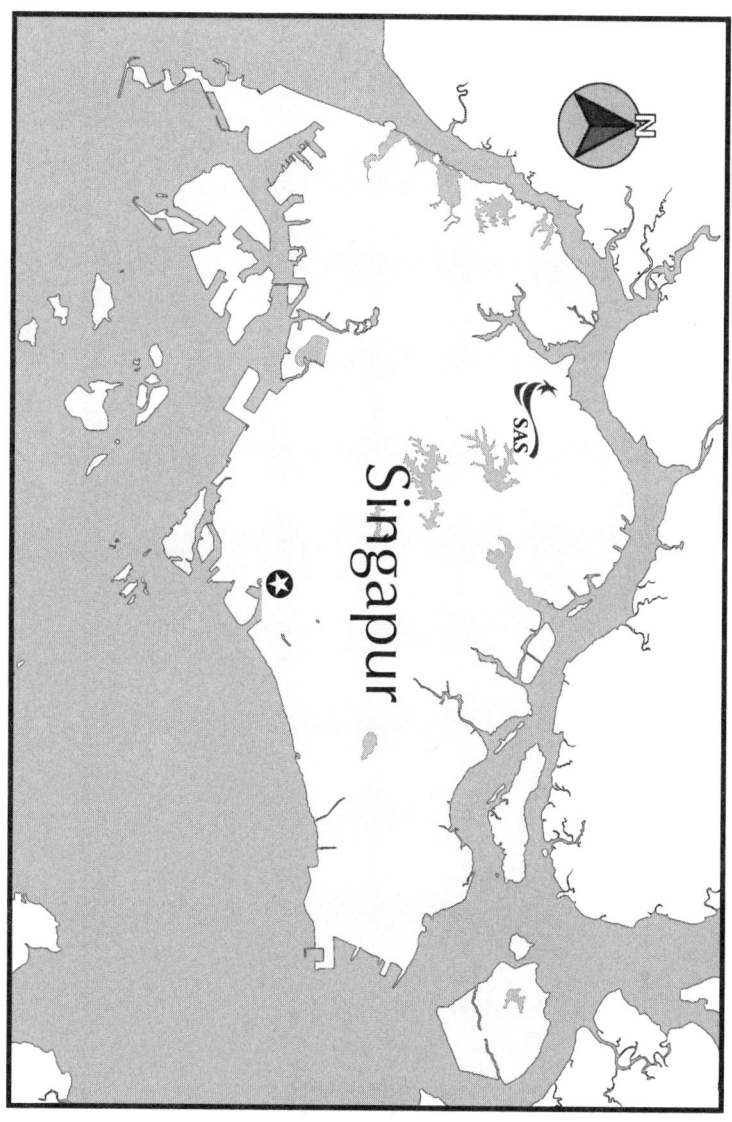

El chico global

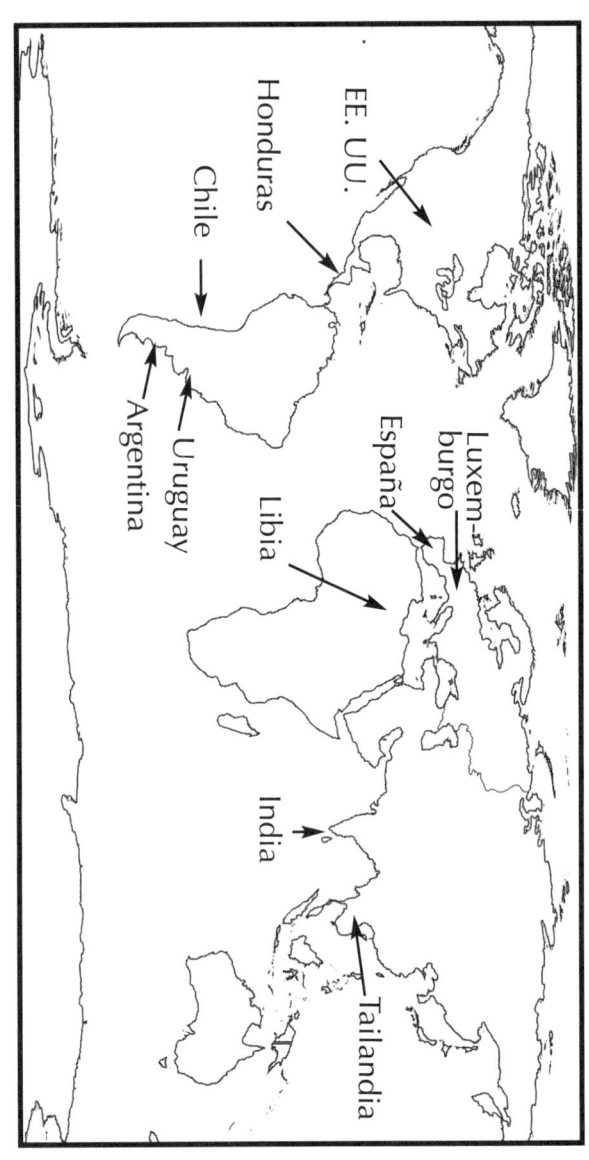

¿En qué países ha vivido Liam? ¿Adónde quieres viajar?

Mapas

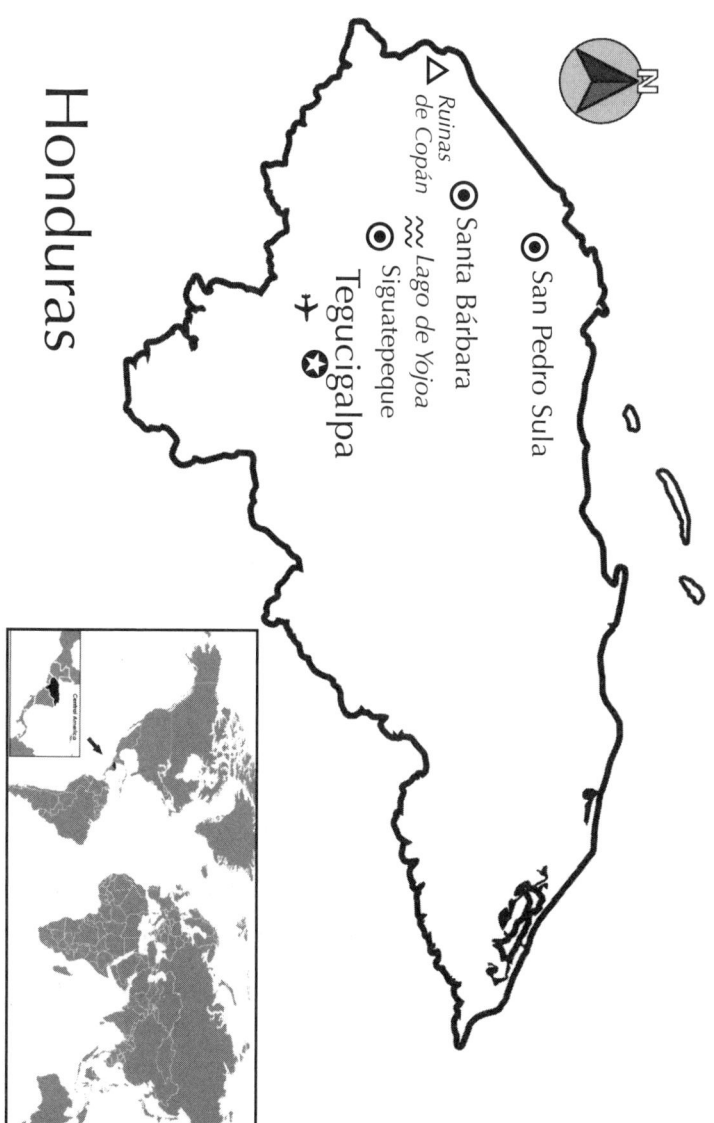

El chico global

Summit in Honduras

Summit in Honduras is a humanitarian, non-profit organization based in Breckenridge, Colorado. It provides outreach to impoverished families and children in rural western Honduras. The mission of Summit in Honduras includes medical outreach, education, literacy, clean water and construction projects. Many of my students have participated in their trips and describe it as "a trip of a lifetime." The experience motivates them to continue to learn Spanish, travel and be of service to others. Please consider donating at **http://www.summitinhonduras.org/** or joining them on a trip soon.

Glosario

A

a - to
abandona - s/he abandons
abandonado - abandoned
abandono - the abandonment
abandonó - s/he abandoned
abrazando - hugging
abrazo(s) - hug(s)
abuela - grandmother
accidente - accident
acelera - s/he accelerates
acento - accent
acostumbrado - accustomed, used to
activista - activist
adiós - goodbye
adónde - where
adultos - adults
aerolínea - airlines
aeropuerto - airport
agarra - s/he grabs
agárrame - hang on, grab me
agarran - they grab
agarrar - to grab
agua - water
ahora - now
al - to the
algunos - some
alto - tall
amiga(s) - friend(s)
amigo(s) - friend(s)
animales - animals
año - year
(tiene __) años - years (old)
antes - before
apuntar - to point
aquí - here
artesanías - handicrafts
así - so
aunque - although
autobús - bus
avanzada - advanced
aventura - adventure
avergonzado - ashamed
avión - plane
ay - oh
ayuda - s/he helps
ayudan - they help
ayudar - to help
ayudarle - to help him
(que) ayudes - (that) you help

Glosario

B

banco - bank
baño/s - bathroom/s
banquero - banker
básica - basic
beso - kiss
biblioteca - library
bien - well
boleto - ticket
botella - bottle
buena - good
busca - looks for

C

cabeza - head
(se) cae - s/he falls
calabaza - pumpkin, see ¿Qué pasa calabaza?
(hace mucho) calor - (it's very) hot
camina - s/he walks
cansado - tired
capital - capital
carro - car
casa - house
casi - almost
celular - cell phone
centígrados - centigrade
cerámica - ceramic
chicle/s - gum
chico - boy
chicos - kids
chofer - driver, chauffeur
cima - the top, summit
cinco - five
clase(s) - class(es)
club - club
colores - colors
come - s/he eats
comen - they eat
comenta - s/he comments/says
comer - to eat
comida(s) - food(s)
comiendo - eating
como - like, as
cómo - how
completamente - completely
complicada - complicated
común - common
comunicarme - to communicate
con - with
concentra - s/he concentrates
concentrado - focused on
conexión - connection
confundida - confused

Glosario

confundido - confused
construcción - building; construction
construir - to build
contento - happy
contentos - happy
continúa - continues
corre - s/he runs
correcto - right/correct
corren - they run
corriendo - running
críquet - cricket (game)
crueles - cruel
cuál - which
cuando - when
cuándo - when
cuánto(s) - how much
cuatro - four
cultura - culture
curioso - curious

D

da - s/he gives
dale - give him
dame - give me
dámela - give me it
dan - they give
darle - to give to him/her
de - of, from
de repente - suddenly
decide - s/he decides
decirle - to say to him
decirles - to say to them
del - of the, from the
demasiado - too
depende - s/he depends
dependen - they depend
desastre - disaster
despacio - slowly
después - after
detective - detective
día(s) - day(s)
dice - s/he says
dicen - they say
diez - ten
diferente - different
difícil - difficult
dinero - money
(me la) **dio** - s/he gave (it to me)
gracias a Dios - thank God
dirección - direction
directamente - directly
donde - where
dónde - where
dormitorio - bedroom
dos - two
(le) **duele** - hurts (him/her)
durante - during
durián - a very smelly Asian fruit

Glosario

E

ecuador - equator
el - the
él - he
elegante
ella - she
ellos - they
emergencia - emergency
emoción - excitement
emocionada - excited
emocionado - excited
empatía - empathy
en - in, on
(les) encanta - they love
encontramos - we found
encontrar - to find
encontrarme - to find me
encontraste - you found
encontré - I found
encuentra - s/he finds
enojado - angry
enorme - enormous
entero - whole, entire
entiende - s/he understands
entiendo - I understand
entonces - then
entra - s/he enters
entrada - entry
entran - they enter
entrar - to enter

entusiasmo - enthusiasm
eres - you are
error - error
es - is
esa - that
escapar - to escape
escucha - s/he listens
escuchan - they listen
escuchar - to listen
escuela/s - school/s
ese - that
eso - that
español - Spanish
especial - special
esta - this
está - is
estamos - we are
están - they are
estar - to be
estás- you are
estatuas - statues
este - this
(que) esté - (that) he is
esto - this
estómago - stomach
estoy - I am
estresado - stressed
estudiante(s) - student(s)
estuvo - was
exactamente - exactly
exagerada - exaggerated

Glosario

excelente - excellent
excepcional - exceptional
exclama - s/he exclaims
experiencia - experience
experto - expert
explica - s/he explains
explicando - explaining
explorar - to explore

F

familia - family
familiar - familiar
famosa - famous
fantástico - fantastic
fatal - awful, fatal
favorita - favorite
favorito - favorite
filtración - filtration
(por) fin - finally, at last
formaron - they formed
foto(s) - photo(s)
frustrada - frustrated
frustrado - frustrated
fruta(s) - fruit
fue - s/he went
fuera - off
fútbol - soccer

G

genial - great
geografía - geography
global - global
gorra - baseball cap
gracias - thank you
graciosa(s) - funny
gracioso(s) - funny
gran - great, big
grande - big
grita - s/he yells
gritan - they yell
(le) gusta - s/he likes it, s/he is pleasing to him/her/it
(le) gustan - s/he like them, s/he is pleasing to them
(le) gusto - s/he likes me, I'm pleasing to him/her
(les) gusto - they like me, I'm pleasing to them
(me) gusta - I like it, it is pleasing to me

H

ha llegado - s/he has arrived
ha pasado - has passed
habla - s/he speaks, talks
háblame - speak to me
hablan - they speak, talk

Glosario

hablando - speaking, talking
hablar - to speak, talk
hablarle - to speak to him/her
(que) hable - (that) I speak
hablo - I speak
hace - s/he does, makes
hacen - they do, make
hacer - to do, to make
haces - you doing
hacia - toward
hago - I make
hamburguesas - hamburgers
has vivido - you have lived
hawker center - open-air complex that sells a variety of inexpensive food. Found in Singapore, Hong Kong, and Malaysia.
hay - there is or there are
helado - ice cream
hermana - sister
hola - hi
hombre - man
hondureña(s) - Honduran
hondureño(s) - Honduran
hora(s) - hour(s)
horror - horror
huele - smells
humanidad - humanity
humanos - humans

I

idea - idea
identidad - identity
idioma(s) - language(s)
ignora - s/he ignores
ignoran - they ignore
igual - same
imagina - s/he imagines
imaginación - imagination
imita - s/he imitates
imitando - imitating
imitar - to imitate
impaciente - impatient
(le/les) importa - is important to her, him, them
importancia - importance
importante - important
impresión - impression
impresionante - impressive, awesome
increíble - amazing, incredible
indica - s/he indicates, shows
indicar - to indicate, to show
informados - informed

Glosario

inglés - English
instante - instant
insultar - insult
inteligente - intelligent
intención - intention
intenta - s/he tries
(le) interesa - is interesting to him
interesante(s) - interesting
internacional(es) - international
internet - internet
ir - to go
irritada - irritated
irritado - irritated
irse - to go away
isla - island

J

jaguares - jaguars
juega - s/he plays
juegan - they play
juegas - you play
juego - I play
jugando - playing
jugar - to play
justo - fair, just

L

la - the; it

labios - lips
lago - lake
lee - s/he reads
leen - they read
leer - to read
letras - letters
libro(s) - book(s)
llama - s/he calls
(se) llama - s/he calls him/herself
llámame - call me
llamar - to call
(te) llamas - you call yourself
llamaste - you called
llamo - I call
llega - s/he arrives
(ha) llegado - has arrived
llegamos - we arrived
llegan - they arrive
llegar - to arrive
llegaste - you arrived
llora - s/he cries
llorar - to cry
(no) llores - don't cry
lloro - I'm not crying
llueve - it's raining
llueve a cántaros - it's raining cats and dogs
lluvia - rain

Glosario
locales - locals
localización - location

M
madre - mom
mal - bad
malayo - language spoken in Malaysia
mala(s) - bad
malo(s) - bad
mamá - mom
mañana - tomorrow; morning
manda - s/he sends
mandando - sending
mandar - to send
mandarín - Mandarin
mandarle - to send him
manera(s) - way(s)
mango - mango
mano - hand
(nos) mantenía - kept us
mapa - map
más - more
materiales - materials
mayas - Mayan
medio ambiente - environment
mejor - best, better
menos - except
mensaje - message
mesa(s) - table(s)
metros - meters
mi - my
miedo - fear
mientras - while
minuto(s) - minute(s)
mira - s/he looks at, watches
miran - they look at, watch
mis - my
misterioso(a) - mysterious
mochila - backpack
moderna - modern
moderno - modern
momentito - little moment
momento - moment
mono(s) - monkey(s)
montañas - mountains
moto - motorcycle
motocicleta - motorcycle
muchísimos - very much
mucha(s) - much, many, a lot
mucho(s) - much, many, a lot
mueve - s/he moves
mueven - they move
mundo - world
murciélago(s) - bat(s)
muy - very

Glosario

N

nada - nothing
Nada, nada, limonada. - Nothing, nothing, lemonade. (Response to ¿Qué pasa, calabaza?)
nadie - no one
necesita - s/he needs
necesitan - they need
necesitas - you need
necesito - I need
nerviosa - nervous
nervioso - nervous
ni - nor
niña - girl
niños - boys, children
normalmente - usually
norte - north
nosotros - we
nota - s/he notices
notan - they notice
nuestro(a) - our
nuevos(as)- new
nunca - never

O

observa - s/he observes
observándolo - observing him
obvio - obvious
ocupado - busy
ocupando - occupying
oficina - office
ofrece - s/he offers
ojos - eyes
opción - option
optimismo - optimism
ordena - s/he orders
organiza - s/he organizes
organización - organization
organizó - s/he organized
otra(s) - another, other(s)
otro(s) - another, other(s)

P

padre - dad/father
padres - parents
país(es) - country(ies)
pánico - panic
pantalones - pants
papá - dad
papel - paper
paquete - packet
par - couple
para - for
parte(s) - part(s)
participan - they participate
partido(s) - game(s)
pasa - passes; spends

Glosario

pasajeros - passengers
pasan - they pass
pasaporte - passport
pasar - to happen; to pass by
pelota - ball
pequeña(s) - small
pequeño(s) - small
pero - but
perrito - little dog
perro - dog
persona - person
personas - people
pescado - fish
pickup - pickup
piensa - s/he thinks
(la) piloto - female pilot
piscinas - pools
pizzas - pizzas
plástico - plastic
plato(s) - plate(s)
poco - little bit
(no) podía - s/he, I was not able
policía - police
popular - popular
por favor - please
por - through; for; by
por eso - because
¿Por qué? - Why?
porque - because
posible - possible
práctica - practice
prefiere - s/he prefers
pregunta - s/he asks
prepara - s/he makes, prepares
prepárate - get ready
preparó - s/he prepared
presenta - s/he introduces
presidenta - president
primera - first
primero - first
prioridad - priority
probable - probable
problema - problem
profesor - teacher
prohibido - prohibited
pronunciación - pronunciation
protegen - they protect
proyecto(s) - project(s)
puede - s/he can
puedes - you can
puedo - I can
pulpería - small grocery store in Central America
pulpos - octopuses
pum - boom, bang

pupusa(s) - thick corn tortilla (typical of Honduras and El Salvador) filled with a variety of ingredients

Q

qué - what
que - that
¿Qué pasa? - What's up?
¿Qué pasa calabaza? - What's happening, pumpkin? Calabaza (pumpkin) is used for rhyming purposes only. Similar to See you later, alligator.
¿Qué tal? - How are you?
quién - who
quiere - s/he wants
quieren - they want
quieres - you want
quiero - I want
quince - fifteen

R

rápidamente - quickly
rápido - quick
raro - unusual, weird
(en) realidad - in reality

Glosario

realmente - actually, really
recibe - s/he receives
recibí - I received
recibió - s/he received
recibir - to receive
recolectar - gather, collect
regresa - s/he returns
(de) repente - suddenly
repite - s/he repeats
responde - s/he answers, responds
responderle - to answer her
responsable - responsible
restaurante(s) - restaurants(s)
reunión - meeting
revelar - to reveal
roba - he or she steals
roban - they steal
robaron - they stole
(un) robo - a theft, robbery
rojas - red
roti prata - Indian flatbread
ruinas - ruins

S

sabe - s/he knows
saben - they know
sabes - you know
sale - s/he leaves

Glosario

salen - they leave
salir - to leave
salta - s/he jumps
sándwich - sandwich
sangre - blood
sé - I know
(antes de que) sea - (before it will) be
secretaria - secretary
seis - six
seleccionar - choosing
señora - Mrs.; ma'am; lady
ser - to be
seria - serious
serio - serious
servicio - (cell) service
servir - to serve
si - if
sí - yes
siempre - always
(se) siente - s/he feels
(lo) siento - I'm sorry
silenciosamente - silently
símbolo - symbol
similar - similar
simpática - kind, nice
simple - simple
sin - without
sincero - sincere
sistemas - systems
situación - situation
sol - sun
solo - alone; only
son - they are
sorprendida - surprised
sorprendido - surprised
soy - I am
Sr. - Mr.
su - his; her; their
sube - s/he climbs
(se) suben - they climb in
súbete - get in, climb on
subir - to climb
subirse - to get in
súper - super
sus - his; her; their

T

también - too, also
tamil - language spoken in India and Singapore
tampoco - either
tarde - late
tatuaje - tattoo
taxi(s) - taxi(s)
taxista - taxi driver
tecnología - technology
teléfono - telephone
temperatura - temperature
templos - temples

Glosario

tengo - I have
termina - finishes
terrible - terrible
territorio - land, territory
terror - terror
texto - text
ti - you
tiempo - time
tiene - s/he has
tienen - they have
tienes - you have
tímida - timid
timidez - shyness
típico(s) - typical
tipo - type
tira - s/he throws
toda(s) - all, everything
todo(s) - all, everything
todavía - still
tono - tone
tour - tour
trabaja - s/he works
trabajan - they work
trabajando - working
trabajar - to work
(que) trabaje - (that) s/he works
trabajo - job; I work
tráfico - traffic
tres - three
triste - sad
tu - your
tú - you
túneles - tunnels
turistas - tourists
tus - your

U

uau - wow
uf - phew
un - a
uniforme(s) - uniform(s)
uno - one
unos - some
unas - some
urgente - urgent
usa - s/he uses

V

va - s/he goes
vacaciones - vacation
vámonos - let's go
vamos - we go
van - they go
variedad - variety
varios - various
vas - you go
ve - s/he sees
(que) veas - that you see

Glosario

veces - times
vegetación - vegetation
vemos - we see
ven - they see
vende - s/he sells
vender - to sell
veo - I see
ver - to see
verde - green
verlo - to see it
vez - time
viaja - s/he travels
viajan - they travel
viajar - to travel
viaje - trip
vibra - vibrates
vicepresidente - vice president
visitar - to visit
vive - s/he lives
(has) vivido - (you have) lived
vivir - to live
volumen - volume
vomita - s/he vomits
vomitar - to vomit
vomites - don't vomit
voy - I go
voz - voice

Y

ya es la hora - it's time
ya - now; already
yo - I

Z

zapatos - shoes

More compelling reads to inspire and engage you!
40+ titles to choose from!
ALSO AVAILABLE AS E-LEARNING MODULES.